LE
DENOUEMENT
IMPREVÛ
COMEDIE
D'UN ACTE.

A PARIS,

Chez NOEL PISSOT, Quay de Conty,
à la defcente du Pont-Neuf, au coin de
la ruë de Nevers, à la Croix d'or.

M. DCC. XXVII.

Avec Approbation & Privilege du Roy.

ACTEURS.

Mr ARGANTE.

Mlle ARGANTE, *fille de Mr Argante.*

DORANTE, } *Amans de Mlle*
ERASTE, } *Argante.*

Me PIERRE, *Fermier de Mr Argante.*

LISETTE, *Suivante de Mlle Argante.*

CRISPIN, *Valet d'Eraste.*

UN DOMESTIQUE *de Mr Argante.*

La Scene est à

LE DENOUEMENT IMPREVÛ

COMEDIE.

SCENE PREMIERE.

DORANTE, Mᶜ PIERRE.

DORANTE *d'un air désolé.*

JE suis au désespoir, mon pauvre Mᶜ Pierre, je ne sçai que devenir.

Mᶜ PIERRE.

Eh marguenne, arrêtez-vous donc, voute lamentation me corromp toute ma balle humeur.

A

DORANTE.

Que veux-tu ? j'aime Mademoiselle
Argante plus qu'on n'a jamais aimé, je
me voi à la veille de la perdre, & tu ne
veux pas que je m'afflige ?

Me PIERRE.

En sçait bian qu'il faut parfois s'affliger ;
mais faut y aller pûs bellement que ça ;
car moi, j'aime itou Lisette, voyez-vous ;
en dit que stila qui veut épouser Mademoiselle Argante, a un valet ; si le Maître é-
pouse nôtre Demoiselle, il l'emmenera à
son Châtiau, Lisette suivra, la vela embal-
lée pour le voyage, & c'est autant de par-
du pour moi, que ce balot-là ; ce guiable
de valet en fera son proufit. Je vois tout
ça fixiblement clair ; stanpendant, je me
tians l'esprit farme ; je bataille contre le
chagrin, je me dis que tout ça n'est rian,
que ça n'arrivera pas ; mais morgué quand
je vous entens geindre, ça me gâte le courage. Je me dis, Piarre, tu ne prens point
de souci, mon ami, & c'est que tu t'en-
geolles ; si tu faisois bian, tu en prenrois ;
j'en prens donc : tenez tout en parlant de
chouse & d'autre, vela-t'il pas qu'il me
prend envie de pleurer, & c'est vous qui
en êtes cause.

DORANTE.

Helas, mon enfant ! rien n'est plus sûr que

notre malheur ; l'époux qu'on destine à Mademoiselle Argante doit arriver aujourd'hui , & c'en est fait ; Mr Argante, pour marier sa fille , ne voudra pas seulement attendre qu'il soit de retour à Paris.

Mᶜ PIERRE.

C'en est donc fait : queu piquié que noute vie , Mr Dorante ; mais pourquoi est-ce que Mr Argante, noute Maître, ne veut pas vous bailler sa fille ? vous avez une bonne Metairie ici , vous estes un joli garçon, une bonne pâte d'homme , d'une belle & bonne profession ; vous plaidez pour le monde : Il est bian vrai queu n'estes pas chanceux, vous pardez vos causes ; mais que faire à ça ? un autre les gagne ; tant pis pour ceti-ci, tant mieux pour ceti-là : tant pis & tant mieux font aller le monde : à cause de ça faut-il refuser sa fille aux gens ? Est-ce que le futur est plus riche que vous ?

DORANTE.

Non, mais il est gentilhomme , & je ne le suis pas.

Mᶜ PIERRE.

Pargué je vous trouve pourtant fort gentil , moi.

DORANTE.

Tu ne m'entens point. Je veux dire qu'il n'y a point de Noblesse dans ma famille.

A ij

Mᶜ PIERRE.

Eh bian, boutez-y-en, ça est-il si char pour s'en faire faute !

DORANTE.

Ce n'est point cela, il faut être d'un sang noble.

Mᶜ PIERRE.

D'un sang noble ? queu guiable d'invention, d'avoir fait comme ça du sang de deux façons, pendant qu'il viant du même ruisfiau.

DORANTE.

Laissons cet article-là ; j'ai besoin de toi. Je n'oserois voir Mademoiselle Argante aussi souvent que je le voudrois, & tu me feras plaisir de la prier de ma part, de consentir à l'expedient que je lui ai donné.

Mᶜ PIERRE.

Oh vartigué, laissez-moi faire, je parlerons au pere itou : il n'a qu'à venir avec son sang noble, comme je vous le rembarerai. Je nous traitons tous deux sans çarimonie ; je fis son Farmier, & en cette qualité, jons le parvilege de l'assister de mes avis ; je fis accoûtumé à ça ; il me conte ses affaires ; je le gouvarne, je le reprimande ; il est bavard & têtu ; moi je suis roide & prudent ; je li dis, il faut que ça soit, le bon sens le veut ; là-dessus il se démene, je hoche la tête, il se fâche, je m'emporte,

il me répart, je li repars : tais - toi ; non
morgué ; morgué fi ; morgué non ; & pis il
jure, & pis je li rens : ça li établit une bonne opinion de mon çarviau, qui l'empêche
d'aller à l'encontre de mes volontez ; & il
a raifon de m'obéir ; car en vérité, je fis
fort judicieux de mon naturel fans que ça
paroiffe ; ainfi je varrons ce qu'il en fera.

DORANTE.

Si tu me rends fervice là-dedans, Me
Pierre, & que Mademoifelle Argante n'é-
poufe pas l'homme en queftion, je te promets d'honneur, cinquante piftoles en te
mariant avec Lifette.

Me PIERRE.

Monfieur Dorante, vous avez du fang
noble, c'eft moi qui vous le dit ; ça fe
connoît aux piftoles que vous me pour-
mettez, & ça fe prouvera tout à fait quand
je les recevrons.

DORANTE.

La preuve t'en eft fûre ; mais n'oublie
pas de preffer Mademoifelle Argante fur ce
que je t'ai dit.

Me PIERRE.

Tatiguienne, dormez en repos, & n'en
pardez pas un coup de dent ; fi alle bron-
choit, je li revaudrois ; fa bonne femme de
mere, alle eft deffunte, & cette fille-ci
qu'alle a eu, alle eft par confequent la fille

A iij

de Monfieur Argante, n'eft - ce pas ?

DORANTE.

Sans doute.

Me PIERRE.

Sans doute. Je le veux bian itou, je n'empêthe rian, je fis de tout bon accord; mais fi je voulions fouffler une petite bredoüille dans l'oreille du papa, il varroit bien que Mademoifelle Argante eft la fille de fa mere; mais vela tout.

DORANTE.

Cela n'aboutit à rien, fonges feulement à ce que je te promets.

Me PIERRE.

Oüi, je fongerons toujours à cinquante piftoles; mais touchez-moi un petit mot de l'expedient quou dites.

DORANTE.

Il eft bizare, je l'avoüe; mais c'eft l'unique reffource qui nous refte. Je voudrois donc, que pour dégouter le futur, elle affeĉtât une forte de maladie, un dérangement, comme qui diroit des vapeurs.

Me PIERRE.

Dites à la franquette quou voudriais qu'alle fift la folle. Vela bien de quoi ! ça ne coute rian aux femmes; par bonheur alles ont un efprit d'un merveilleux acabi pour ça, & Mademoifelle Argante nous fournira de la folie tant que j'en voudrons, fon çarviau la met à même. Mais vela fon pere, ôtez-vous de par ici, tantôt je vous rendrons réponfe.

* * *

SCENE II.

Mr ARGANTE, Mc PIERRE.
Mr ARGANTE.

AVec qui étois-tu là?
Mc PIERRE.
Eh voir, j'étois avec queuquun.

Mr ARGANTE.
Eh qui eft-il, ce quelqu'un?
Mc PIERRE.
Aga donc, il faut bian que ce foit une parfonne.

Mr ARGANTE.
Mais je veux fçavoir qui c'étoit ; car je me doute que c'eft Dorante.
Mc PIERRE.
Oh bian, cette doutance-là, prenez que c'eft une çartitude ; vous ni pardrez rian.
Mr ARGANTE.
Que vient-il faire ici?
Mc PIERRE.
M'y voir.

A iiij

Mr ARGANTE.

Je lui ai pourtant dit, qu'il me feroit plaisir de ne plus venir chez moi.

Me PIERRE.

Et si ce n'est pas son envie de vous faire plaisir, est-ce que les volontez ne sont pas libres ?

Mr ARGANTE.

Non ; elles ne le sont pas ; car je lui défendrai d'y venir davantage.

Me PIERRE.

Bon, je li défendrai. Il vous dira qu'il ne dépend de parsonne.

Mr ARGANTE.

Mais vous dépendez de moi, vous autres, & je vous défens de le voir & de lui parler.

Me PIERRE.

Quand je serons aveugles & muets, je serons voute commission, Monsieur Argante.

Mr ARGANTE.

Il faut toujours que tu raisonne.

Me PIERRE.

Que voulez-vous ? j'ons une langue, & je m'en sars ; tant que je l'aurai je m'en sarvirai ; vous me chicannez avec la voute, peut-être que je vous lantarne avec la mienne.

Mr. ARGANTE.

Ah, je vous chicanne! c'est-à-dire, Me
Pierre, que vous n'êtes pas content de ce
que j'ai congedié Dorante?

Me PIERRE.

Je n'aprouve rian que de bon, moi.

Mr ARGANTE.

Je vous dis; il faudra que je dispose de
ma fille à sa fantaisie.

Me PIERRE.

Acoutez, peut-être que la raison le vou-
droit; mais voute avis est bian pûs raisonnable que le sian.

Mr ARGANTE.

Comment donc? Est-ce que je ne la
marie pas à un honnête homme?

Me PIERRE.

Bon; le vela bian avancé d'estre honnête
homme; il n'y a que les couquins qui ne
sont pas honnêtes gens.

M. ARGANTE.

Tais-toi, je ne suis pas raisonnable de
t'écouter; laisse-moi en repos, & va-t-en
dire aux Musiciens que j'ai fait venir de
Paris, qu'ils se tiennent prêts pour ce
soir.

Me PIERRE.

Qu'est qu'ou en voulez faire de leur Mu-
sicle?

Mr ARGANTE.

Ce qu'il me plaît.

Me PIERRE.

Est-ce qu'ou voulez danser la bourée a-
vec ces Violoneux ? ça n'est pas parmis à
un Maître de Maison.

Mr ARGANTE.

Ah, tu m'impatiente !

Me PIERRE.

Parguenne & vous itou: tenez, juse trop
mon esprit après vous ; par la mardi voute
Farme & tous les animaux qui en dépen-
dont, me baillont moins de peine à gou-
varner que vous tout seul; par ainsi, prenez un autre Farmier : je varrons un peu
ce qu'il en fera, quand vous ne serez pûs
à ma charge.

Mr ARGANTE.

Fort bien ! me quitter tout d'un coup
dans l'embaras où je suis, & le jour-même
que je marie ma fille ; vous prenez bien
votre tems, après toutes les bontez que
j'ai eues pour vous.

Me PIERRE.

Voirement des bontés ! si je comptions
ensemble, vous m'en deveriez pûs de deux
douzaines, mais gardez-les, & grand bian
vous fasse.

Mr ARGANTE.

Mais enfin, pourquoi me quitter ?

Mᶜ PIERRE.

C'eſt que mes bonnes qualités ſont en-
tarrées avec vous ; c'eſt qu'ou voulez marier voute fille à voute tête, en lieu de la
marier à la mienne ; & drès qu'on ne voulez pas me complaire en ça, drès que ma
raiſon ne vous ſart de rian, & qu'où pré-
tendez être le Maître par-deſſus moi ; qui
ſis prudent ; drès qu'ou allez toujours voute chemin maugré que je vous retienne par
la bride, je pars mon temps cheux vous.

Mr ARGANTE.

Me retenir par la bride ! Belle façon de
s'exprimer !

Mᶜ PIERRE.

C'eſt une petite ſimulitude qui viant fort
à propos.

Mr ARGANTE.

C'eſt ma fille qui vous fait parler ; je le
voi bien ; mais il n'en ſera pourtant que
ce que j'ai réſolu ; elle épouſera aujourd'hui
celui que j'attens. Je lui fais un grand tort,
en vérité, de lui donner un homme pour
le moins auſſi riche que ce faineant de Dorante, & qui avec cela eſt Gentilhomme.

Mᶜ PIERRE.

Ah ! nous y vela donc à la Gentilhom-
merie ? Eh fy, noute Monſieur ! ça eſt
vilain à voute âge, de bailler comme ça
dans la bagatelle ; en vous amuſe comme

un enfant avec un joujou. Jamais je n'en-
durerai ça ; voyez-vous ; Monfieur Dorante eft amoureux de voute fille ; alle eft
amoureufe de li ; il faut qu'ils voyons le
bout de ça. Hier encore , fous le barciau de
noute jardin , je les entendois (*à part*)
farvons - li d'une bourde) ma mie , fe li
difoit-il , voute pere veut donc vous bailler un autre homme que moi ? Eh, vrai-
ment oüi, ce faifoit-elle. Eh que dites-vous
de ça , ce faifoit-il ? Eh qu'en pourrois-je
dire, ce faifoit-elle ? Mais fi vous m'ai-
miez bian , vous lui dirais qu'ou ne le voulez pas. Hélas , mon grand ami , je lui ai
tant dit ! mais bref, à la parfin que ferez-
vous ? Eh je n'en fçai rian ! J'en mourrai ,
ce dit-il. Et moi itou, ce dit-elle. Quoi,
je mourrons donc ? Voute pere eft bian
tarrible. Que voulez-vous ? comme on
me l'a baillé, je l'ai prins . . . .

Mr ARGANTE *en colere, & s'en allant.*

L'impertinente, avec fon amant, & toi
encore plus impertinent de me raporter de
pareils difcours ; mais mon gendre va venir, & nous verrons qui fera le Maître.

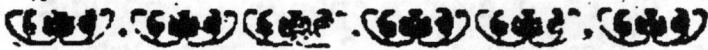

SCENE III.

Mlle ARGANTE, LISETTE, Me PIERRE.

Mlle ARGANTE.

IL me semble que mon pere sort fâché d'avec toi. De quoi parliez-vous ?

Me PIERRE.

De voute nôce avec le fils de ce Gentil-homme.

LISETTE.

Eh bien !

Me PIERRE.

Eh bian ! je ne sçais qui l'a enhardi ; mais il n'est pas si timide que de coûtume avec moi ; il m'a bravement injurié, & baillé le sobriquet d'impartinent, & m'a enchargé de dire à Mademoiselle Argante qu'alle est une sotte ; & pisque la vela, je li fais ma commission.

LISETTE à *Mademoiselle Argante.*

Là-dessus, à quoi vous déterminez-vous ?

Mlle ARGANTE.

Je ne sçai, mais je suis au desespoir de

me voir en danger d'époufer un homme
que jé n'ai jamais vû , & feulement parce
qu'il eſt le fils de l'ami de mon pere.

Mᶜ PIERRE.

Tenez , tenez , il n'y a point de détarmi-
nation à ça   J'avons arrêté Monfieur Dorante & moi , ce qu'ou devez faire , & vela
c'en que c'eſt. Il faut qu'ou deveniais folle ;
ça eſt conclu entre nous ; il n'y a pûs à
dire , non , faut parachever : allons , avan-
cez-nous , en attendant queuque petit é-
chantillon d'extravagance pour voir comment ça fait : en dit que les vapeurs font
bonnes pour ça , montrez-m'en une.

Mˡˡᵉ ARGANTE.

Oh , laiſſe-moi , je n'ai point envie de
rire.

LISETTE.

Va , ne t'embaraſſe pas ; nous autres
femmes , pour faire les folles , avons-
nous befoin d'étudier notre rôle ?

Mᶜ PIERRE.

Non ; je fçavons bian vos facultez , mais
niamporte , il s'agit d'avoir l'efprit pûs
torné que de coûtume. Lifette , farmone-
là un peu là-deſſus , & fonge toujours à
noute amiquié ; ça ne fait que croître &
embellir cheux moi quand je te regarde.

LISETTE.

Je t'en fais mes complimens.

Mᵉ PIERRE.

Adieu. Noute Maître est sourti, je pense. Je vas revenir, si je puis, avec Monsieur Dorante.

SCENE IV.

Mˡˡᵉ ARGANTE, LISETTE.

LISETTE.

ÇA, faites vos réfléxions. Consentez-
vous à ce qu'on vous propose ?

Mˡˡᵉ ARGANTE.

Je ne sçaurois m'y résoudre. Joüer un
rôle de folle. Cela est bien laid.

LISETTE.

Eh mort de ma vie ! trouvez-moi quelqu'un qui ne joüe pas ce rôle-là dans le
monde. Qu'est-ce que c'est que la societé
entre nous autres, honnêtes gens, s'il vous
plaît ? N'est-ce pas une assemblée de fous
paisibles qui rient de se voir faire, & qui
pourtant s'accordent ? Eh bien, mettez-
vous pour quelques instans de la coterie
des fous revêches, & nous dirons nous
autres, la tête lui a tourné.

Mlle ARGANTE.

Tu as beau dire, cela me repugne.

LISETTE.

Je croi qu'effectivement vous avez raison. Il vaut mieux que vous épousiez ce jeune rustre que nous attendons. Que de repos vous allez avoir à la campagne! Plus de toilette ; plus de miroir ; plus de boëtte à mouche : cela ne raporte rien. Ce n'est pas comme à Paris, où il faut tous les matins recommencer son visage, & le travailler sur nouveaux frais. C'est un embaras que tout cela ; & on ne l'a pas à la campagne : il n'y a là que de bons gros cœurs, qui sont francs, sans façon, & de bon appetit. La maniere de les prendre est très-aisée. Une face large, massive, en fait l'affaire ; & en moins d'un an, vous aurez toutes ces mignardises convenables.

Mlle ARGANTE.

Voilà de fort jolies mignardises.

LISETTE.

J'oubliois le meilleur. Vous aurez parfois des galans houbereaux, qui viendront vous rendre hommage, qui boiront du vin pur à votre santé ; mais avec des contorsions... Vous irez vous promener avec eux, la petite canne à la main, le manteau troussé de peur des crottes ; ils vous aideront à sauter le fossé, vous diront que vous êtes adroite,

adroite, remplie de charmes & d'esprit,
avec tout plein d'équivoques spirituels, qui
brocheront sur le tout. Qu'en dites vous ?
Prenez votre parti, sinon, je recommence,
& je vous nomme tous les animaux de votre Ferme ; jusqu'à votre mari.

Mlle ARGANTE.

Ah, le vilain homme !

LISETTE.

Allons vîte ; choisissez de quel genre de
folie vous voulez le dégoûter ; il va venir,
comme vous sçavez, & vous aimez Dorante, sans doute ?

Mlle ARGANTE.

Mais oüi, je l'aime ; car je ne connois
que lui depuis quatre ans.

LISETTE.

Mais oüi, je l'aime. Qu'est-ce que c'est
qu'un amour qui commence par mais, &
qui finit par car ?

Mlle ARGANTE.

Je m'explique comme je sens. Il y a si
long-tems que nous nous voyons ; c'est
toujours la même personne, les mêmes
sentimens : cela ne pique pas beaucoup ;
mais au bout du compte, c'est un bon garçon ; je l'aime quelquefois plus, quelquefois moins, quelquefois point du tout ; c'est
suivant : quand il y a long-tems que je ne
l'ai vû, je le trouve bien aimable ; quand

je le voi tous les jours, il m'ennuye un peu, mais cela se passe, & je m'y accoûtume : s'il y avoit un peu plus de mouvement dans mon cœur, cela ne gâteroit rien pourtant.

LISETTE.

Mais n'y a-t-il pas un peu d'inconstance là-dedans ?

Mlle ARGANTE.

Peut-être bien ; mais on ne met rien dans son cœur, on y prend ce qu'on y trouve.

LISETTE.

Chemin faisant, je rencontre de certains visages qui me remuënt, & celui de Pierrot ne me remuë point. N'êtes-vous pas comme moi ?

Mlle ARGANTE.

Voilà où j'en suis. Il y a des phisionomies qui font que Dorante me devient si insipide ; & malheureusement dans ce moment-là, il a la fureur de m'aimer plus qu'à l'ordinaire : moi, je voudrois qu'il ne me dît rien ; mais les hommes sçavent-ils se gouvernèr avec nous ? ils sont si mal adroits ! ils viennent quelquefois vous accabler d'un tas de sentimens langoureux, qui ne font que vous affadir le cœur : on n'oseroit leur dire, allez-vous-en ; laissez-moi en repos ; vous vous perdez : ce seroit même une charité que de leur dire cela ;

mais point ; il faut les écouter, n'en pou-
voir plus, étoufer, mourir d'ennui & de fa-
cieté pour eux : le beau profit qu'ils font
là ! Qu'eſt-ce que c'eſt qu'un homme ;
toujours tendre, toujours diſant, je vous
adore, toujours vous regardant avec paſ-
ſion, toujours éxigeant que vous le regar-
diez de même ? le moyen de ſoûtenir cela ?
Peut-on ſans ceſſe dire, je vous aime ? on
en a quelquefois envie, & on le dit ; après
cela l'envie ſe paſſe, il faut attendre qu'elle
revienne.

LISETTE.

Mais enfin, épouſerez-vous le Cam-
pagnard ?

Mlle ARGANTE.

Non, je ne ſçaurois ſoufrir la campagne,
& j'aime mieux Dorante, qui ne quittera
jamais Paris. Après tout, il ne m'ennuye
pas toujours, & je ſerois fâchée de le
perdre.

LISETTE.

Je voi Pierrot, qui revient bien intri-
gué.

SCENE V.

Mlle ARGANTE, LISETTE, Me PIERRE.

LISETTE.

OU est Dorante?

Me PIERRE.

Hélas ! il est en chemin pour venir ici ; &
moi, Mademoiselle Argante , je vians
pour vous dire, que ce garçon-la n'a pas
encore trois jours à vivre.

Mlle ARGANTE.

Comment donc ?

Me PIERRE.

Oüi, & s'il m'en veut croire, il fera son
testament drès ce soir ; car s'il alloit tra-
passer sans le dire au Tabellion, j'aimerois
autant qu'il ne mourit pas ; ce ne seroit pas
la peine, & ça me fâcheroit trop ; en lieu
que s'il me laissoit queuque chouse, ça feroit que je me lamenterois plus agriable-
ment sur li.

LISETTE.

Dis donc ce qui lui est arrivé.

Mlle ARGANTE.

Eſt-il malade ? empoiſonné ? bleſſé ?
Parles.

Me PIERRE.

Attendez, que je reprenne vigueur ;
car moi qui veut hériter de li, je ſis ſi dé-
couragé, ſi déconfit, que je ſis d'avis itou,
de coucher mes darnieres volontez ſur de
l'écriture, afin de laiſſer mes nippes à Li-
ſette.

LISETTE.

Allons, allons, nigaud, avec ton teſta-
ment & tes nippes ; il n'y a rien que je
haïſſe tant, que des dernieres volontez.

Mlle ARGANTE.

Eh, ne l'interromps pas ? j'attens qu'il
nous diſe l'état où eſt Dorante.

Me PIERRE.

Ah, le pauvre homme ! la diéte le par-
dra.

LISETTE.

Eh ! depuis quand fait-il diéte ?

Me PIERRE.

De ce matin.

LISETTE.

Peſte du benêt !

Me PIERRE.

Tenez, le vela. Voyez qu'eu mine il a !
comme il eſt blafard !

SCENE VI.

Mlle ARGANTE, DORANTE, LISETTE, Me PIERRE.

DORANTE *d'un air affligé.*

JE suis au désespoir, Madame ; votre Fermier m'a fait un récit qui m'a fait trembler. Il dit que vous refusez de me conserver votre main, & que vous ne voulez pas en venir à la seule ressource qui nous reste.

Mlle ARGANTE.

Eh bien, remettez-vous, j'extravaguerai ; la comedie va commencer ; êtes-vous content ?

Me PIERRE.

Alle extravaguera, Monsieur Dorante, alle extravaguera. Queu plaisir ! je varrons la comedie ; alle fera le Poulichinelle ; Queu contentement ! Je rirons comme des fous. Il faut extravaguer tretous au moins.

DORANTE.

Vous me rendez la vie, Madame ; mais

de grace, l'amour seul a - t - il part à ce que vous allez faire ?

Mlle ARGANTE.

Eh ! ne ſçavez-vous pas bien que je vous aime, quoique j'oublie quelquefois de vous le dire ?

DORANTE.

Eh ! pourquoi l'oubliez-vous ?

Mlle ARGANTE.

C'eſt que cela eſt fini, je n'y ſonge plus.

LISETTE.

Eh ! oüi ; cela va ſans dire : retirons-nous, je croi que votre pere eſt revenu ; vous pouvez l'attendre : mais il n'eſt pas à propos qu'il nous voye, nous autres.

DORANTE.

Adieu, Madame ; ſongez que mon bon-heur dépend de vous.

Mlle ARGANTE.

J'y penſerai, j'y penſerai, allez-vous-en. (ſeule) Nous verrons un peu ce que dira mon pere, quand il me verra folle. Je croi qu'il va faire de belles exclama-tions ; heureuſement ſur le ſujet dont il s'agit, il m'a déja vû dans quelques écarts, & je croi que la choſe ira bien ; car il s'agit d'une malice, & je ſuis femme ; c'eſt de quoi réüſſir : le voilà ; prenons une conte-nance qui prépare les voyes.

SCENE IX.

M. ARGANTE, Mlle ARGANTE
battant la mesure de son pied.

M. ARGANTE.

QUe faites - vous là , Mademoiselle ?

Mlle ARGANTE.

Rien.

M. ARGANTE.

Rien ? belle occupation !

Mlle ARGANTE.

Je vous défie pourtant de critiquer rien.

M. ARGANTE.

Quelle étourdie ! comme vous voilà faite ?

Mlle ARGANTE.

Faite au tour, à ce qu'on dit.

M. ARGANTE.

Hé ! je croi que vous plaisantez.

Mlle ARGANTE.

Non , je suis de mauvaise humeur ; car je n'ai pû joüer du clavecin ce matin.

M. Argante.

M. ARGANTE.

Laiffez-là votre clavecin; mon gendre arrive, & vous ne devez pas le recevoir dans un ajuftement auffi négligé.

Mlle ARGANTE.

Ah, laiffez-moi faire; le négligé va au cœur... Si j'étois ajûftée, on ne verroit que ma parure, dans mon négligé, on ne verra que moi, & on n'y perdra rien.

M. ARGANTE.

Oh, oh! que fignifie donc ce difcours-là?

Mlle ARGANTE.

Vous hauffez les épaules, vous ne me croyez pas, je vous convaincrai, papa.

M. ARGANTE.

Je n'y comprens rien. Ma fille?

Mlle ARGANTE.

Me voilà, mon pere.

M. ARGANTE.

Avez-vous deffein de me joüer?

Mlle ARGANTE.

Qu'avez-vous donc? Vous m'appellez, je vous réponds; vout vous fâchez, je vous laiffe faire. De quoi s'agit-il? Expliquez-vous. Je fuis là, vous me voyez, je vous entends; que vous plait-il?

M. ARGANTE.

En vérité, fçais-tu bien que fi on t'écoutoit, on te prendroit pour une folle?

C

Mlle ARGANTE.

Eh , eh , eh. . . . .

Mr ARGANTE.

Eh , eh. Il n'est pas question d'en rire ;
cela est vrai.

Mlle ARGANTE.

J'en pleurerai , si vous le jugez à propos. Je croyois qu'il en falloit rire ; je suis
dans la bonne foy.

Mr ARGANTE.

Non ; il faut m'écouter.

Mlle ARGANTE *le saluë*.

C'est bien de l'honneur à moi , mon
pere.

Mr ARGANTE.

Qu'on a de peines avec les enfans ?

Mlle ARGANTE.

Eh! vous ne vous vantez de rien ; mais
je crois que vous n'en avez pas mal donné
à mon grand-pere ; vous étiez bien se-
millant.

Mr ARGANTE.

Taisez-vous , petite fille.

Mlle ARGANTE.

Les petites filles n'obéïssent point , mon
pere ; & puisque j'en suis une , je ferai ma
charge , & me gouvernerai , s'il vous plaît,
suivant l'épithéte que vous me donnez.

Mr ARGANTE.

La patience m'échapera.

Mlle ARGANTE.

Calmez-vous, je me tais ; voilà l'agré-
ment qu'il y a d'avoir affaire à une perfonne
raifonnable !

Mr ARGANTE.

Je ne fçais où j'en fuis, ni où elle prend
tant d'impertinences : quoiqu'il en foit, fi-
niffons ; je n'ai qu'un mot à vous dire : pré-
parez-vous à recevoir celui qui vient ici
vous époufer.

Mlle ARGANTE.

Ce difcours-là me fait reffouvenir d'une
chanfon qui dit : Préparons-nous à la fête
nouvelle.

Mr ARGANTE *étonné long-tems.*

J'attends que vous ayez achevé votre
chanfon.

Mlle ARGANTE.

Oh ! voilà qui eft fait ; ce n'étoit qu'une
citation que je voulois faire.

Mr ARGANTE.

Vous fortez du refpect que vous me
devez, ma fille.

Mlle ARGANTE.

Seroit-il poffible ! moi, fortir du refpect ! Il me femble qu'en effet, je dis des
chofes extraordinaires ; je croi que je viens
de chanter : remettez-moi, mon pere ; où
en étions-nous ? Je me retrouve : Vous
m'avez propofé, il y a quelques jours, un

mariage qui m'a boulverſé la tête à force
d'y penſer ; tout rompu qu'il eſt , je n'en
ſçaurois revenir , & il faut que j'en pleure.

M. ARGANTE.

Oh, oh ! cela ſeroit - il de bonne foy,
ma fille ? D'où vient tant de repugnance
pour un mariage qui t'eſt avantageux ?

Mlle ARGANTE.

Eh ! me le propoſeriez-vous, s'il n'étoit
pas avantageux ?

M. ARGANTE

Je fais le tout pour ton bien.

Mlle ARGANTE *pleurant.*

Et cependant, je vous paye d'ingrati-
tude.

M. ARGANTE.

Va, je te le pardonne, c'eſt un petit
travers qui t'a pris.

Mlle ARGANTE.

Continuez ; allez votre train, mon pere,
continuez , n'écoutez pas mes dégouts,
tenez ferme , point de quartier : courage ,
dites je veux, grondez , menacez , pu-
niſſez , ne m'abandonnez pas dans l'état
où je ſuis ; je vous charge de tout ce qui
m'arrivera.

Mr ARGANTE *attendri.*

Va, mon enfant, je ſuis content de tes
diſpoſitions , & tu peux t'en fier à moi ; je
te donne à un homme avec qui tu ſeras heu-

reufe, & la campagne au bout du compte,
a fes charmes auffi bien que la ville.

Mlle A R G A N T E.

Par ma foy, vous avez raifon.

Mr A R G A N T E.

Par ma foy! De quel terme te fers-tu-
là? je ne te l'ai jamais entendu dire, & je
ferois fâché que tu t'en fervis devant mon
gendre futur.

Mlle A R G A N T E.

Ma foy, je l'ai crû bon, parce que c'eft
votre mot favori.

M^r A R G A N T E.

Il ne fied point dans la bouche d'une
fille.

Mlle A R G A N T E.

Je ne le dirai plus ; mais revenons : con-
tez-moi un peu ce que c'eft que votre gendre? N'eft-ce pas cet homme des champs ?

M^r A R G A N T E.

Encore! Eft-il queftion d'un autre ?

Mlle A R G A N T E.

Je m'imagine qu'il accourt à nous comme
un Satyre.

Mr A R G A N T E.

Oh! je n'y fçaurois tenir. Vous êtes une
impertinente, il vous époufera, je le veux,
& vous obéïrez.

Mlle A R G A N T E.

Doucement, mon pere, difcutons froi-

dement les chofes. Vous aimez la raifon,
j'en ai de la plus rare.

Mr ARGANTE.

Je vous montrerai que je fuis votre
pere.

Mlle ARGANTE.

Je n'en ai jamais douté, je vous difpen-
fe de la preuve; tranquilifez-vous. Vous
me direz, peut-être, que je n'ai que vingt
ans, & que vous en avez foixante. Soit,
vous êtes plus vieux que moi, je ne chicanne point là-deffus, j'aurai votre âge un
jour; car nous vieilliffons tous dans notre
famille. Ecoutez-moi, je me fers d'une fu-
pofition. Je fuis Monfieur Argante, & vous
êtes ma fille. Vous êtes jeune, étourdie,
vive, charmante comme moi. Et moi, je
fuis grave, férieux, trifte, & fombre
comme vous.

Mr ARGANTE.

Où fuis-je? & qu'eft-ce que c'eft que
cela?

Mlle ARGANTE.

Je vous ai donné des Maîtres de clavecin; vous avez un gofier de roffignol:
Vous danfez comme à l'Opera; vous a-
vez du goût, de la délicateffe; moi du
fouci & de l'avarice : vous lifez des Ro-
mans, des hiftoriettes & des contes de
Fées : moi des Edits, des regiftres & des

mémoires. Qu'arrive-t-il ? Un vilain Fau-
ne, un Ours mal léché fort de fa taniere,
fe préfente à moi, & vous demande en
mariage. Vous croyez que je vai lui crier,
va-t-en. Point du tout. Je careffe la créa-
ture mauffade ; je lui fais des complimens,
& je lui accorde ma fille. L'accord fait,
je viens vous trouver, & nous avons là-
deffus une converfation enfemble affez cu-
rieufe. La voici. Je vous dis : Ma fille ?
Que vous plait-il, mon pere ? Me répon-
dez-vous (car vous êtes civile & bien éle-
vée.) Je vous marie, ma fille. A qui donc ;
mon pere ? A un honnête magot, un ha-
bitant des forêts. Un magot, mon pere !
je n'en veux point. Me prenez-vous pour
une guenuche ? Je chante, j'ai des appas ;
& je n'aurois qu'un magot, qu'un fauvage ?
Eh fy donc ! Mais il eft Gentilhomme.
Eh bien, qu'on lui coupe le cou. Ma fille,
je veux que vous le preniez. Mon pere,
je ne fuis point de cet avis-là. Oh, oh,
friponne, ne fuis-je pas le Maître ? A cette
épithete de friponne, vous prenez votre
férieux ; vous vous armez de fermeté, &
vous me dites : vous êtes le Maître. *Dif-
tinguo.* Pour les chofes raifonnables, oüy.
Pour celles qui ne le font pas, non. On ne
force point les cœurs. Loy établie. Vous
voulez forcer le mien. Vous tranfgreffez la

C iiij

Loy. J'ai de la vertu, je la veux garder.
Si j'époufois votre magot, que deviendroit-elle ? Je n'en fçai rien.

Mr ARGANTE.

Vous mériteriez que je vous miffe dans un Convent. Je pénétre vos deffeins à préfent, fille ingratte, & vous vous imaginez que je ferai la dupe de vos artifices ; mais fi tantôt j'ai lieu de me plaindre de votre conduite, vous vous en repentirez toute votre vie. Voilà ma réponfe ; retirez-vous.

Mlle ARGANTE *le faluant.*

Donnez-moi le tems de vous faire la réverence, comme vous me l'auriez faite, fi vous aviez été à ma place.

Mr ARGANTE.

Marchez, vous dis-je.

SCENE VIII.

M. ARGANTE, CRISPIN, UN DOMESTIQUE.

LE DOMESTIQUE.

MOnfieur, il y a là-bas un valet, qui demande à parler après vous.

M. ARGANTE.

Qu'il entre.

CRISPIN *paroît.*

Monſieur, je viens de dix lieuës d'ici, vo us dire que je ſuis votre ſerviteur.

M. ARGANTE.

Cela n'en valoit pas la péine.

CRISPIN.

Oh, je vous fais excuſe ! vous d'un côté, Mademoiſelle votre fille d'un autre ; vous méritez fort bien vos dix lieuës, ce n'eſt que chacun cinq.

M. ARGANTE.

Qu'appellez-vous ma fille ? quelle part a-t'elle à cela ?

CRISPIN.

Ventrebleu ! quelle part, Monſieur ? ſa part eſt meilleure que la vôtre ; car nous venons pour l'épouſer.

M. ARGANTE.

Pour l'épouſer !

CRISPIN.

Oüy. Le Seigneur Eraſte mon Maître, l'épouſera pour femme, & moi pour Maitreſſe.

M. ARGANTE.

Ah, ah ! tu apartiens à Eraſte ? tu es aparament le garçon plaiſant dont il m'a parlé ?

CRISPIN.

J'ai l'honneur d'être ſon aſſocié. C'eſt

lui qui ordonne, c'eſt moi qui éxecute.

M. ARGANTE.

Je t'entends. Eh où eſt-il donc ? Eſt-ce qu'il n'eſt pas venu ?

CRISPIN.

Oh, que ſi, Monſieur ! mais par galanterie il a jugé à propos de ſe faire précéder par une eſpece d'Ambaſſade, il m'a donné même quelques petits interêts à traiter avec vous.

M. ARGANTE.

De quoi s'agit-il donc !

CRISPIN.

N'y a-t-il perſonne qui nous écoute ?

M. ARGANTE.

Tu le vois bien.

CRISPIN.

C'eſt que . . . . . n'y a-t-il point de femmes dans la chambre prochaine.

M. ARGANTE.

Quand il y en auroit, peuvent-elles nous entendre ?

CRISPIN.

Vertuchou, Monſieur ! vous ne ſçavez pas ce que c'eſt que l'oreille d'une femme. Cette oreille-là, voyez-vous, d'une demi lieuë entend ce qu'on dit, & d'un quart de lieuë ce qu'on va dire.

M. ARGANTE.

Oh bien, je n'ai ici que des femmes ſourdes. Parles.

CRISPIN.

Oh ! la furdité léve tout fcrupule ; &
cela étant , je vous dirai fans façon , que
Monfieur Erafte va venir ; mais qu'il vous
prie de ne point dire à fa future que c'eft
lui , parce qu'il fe fait un petit ragoût de
la voir fous le nom feulement d'un ami dudit Monfieur Erafte ; ainfi ce n'eft point
lui qui va venir , & c'eft pourtant lui , mais
lui fous la figure d'un autre que lui : ce que
je dis là n'eft-il pas obfcur ?

M. ARGANTE.

Pas mal ; mais je te comprends , & je
veux bien lui donner cette fatisfaction-là :
qu'il vienne.

CRISPIN.

Je croi que le voilà : c'eft lui-même. A
préfent je vais chercher mes balots & les
fiens ; mais de grace , avant que de par-
tir , fouffrez , Monfieur , que je vous re-
commande mon cœur , il eft fans condition , daignez lui en trouver une.

M. ARGANTE.

Vas , vas , nous verrons.

SCENE IX.

M. ARGANTE, ERASTE, Mᶜ PIERRE, LISETTE.

M. ARGANTE.

JE vous attendois ici avec impatience, mon cher enfant.

ERASTE.

Je m'y rends avec un grand plaifir, Monfieur. Crifpin vous aura dit fans doute, ce que je fouhaite que vous m'accordiez.

M. ARGANTE.

Oüy, je le fçai, & j'y confens ; mais pourquoi cette façon ?

ERASTE.

Monfieur, tout le monde me dit que Mademoifelle Argante eft charmante, & tout le monde aparament ne fe trompe pas, ainfi quand je demande à la voir fous cet habit-ci, ce n'eft pas pour vérifier fi ce que l'on m'a dit eft vrai ; mais peut-être en m'époufant, ne fait-elle que vous obéïr, cela m'inquiéte, & je ne viens fous un au-

tre nom l'affûrer de mes refpects ; que
pour tâcher d'entrevoir ce qu'elle penfe de
notre mariage.

M. ARGANTE.

Eh bien, je vais la chercher.

ERASTE.

Eh ! de grace, n'y allez point ; je ne
pourrois m'empêcher de foupçonner que
vous l'auriez averti. J'ai trouvé là-bas
des ouvriers qui demandent à vous parler,
fi vous vouliez bien vous y rendre pour
quelque tems.

M. ARGANTE.

Mais......

ERASTE.

Je vous en fupplie.

M. ARGANTE.

(à part) Je ne fçaurois croire que ma
fille ofe m'offenfer jufqu'à certain point.
(à Erafte) Je me rends.

ERASTE.

Il me fuffira que vous difiez à un Do-
meftique qu'un de mes amis qui m'a pré-
cedé, fouhaiteroit avoir l'honneur de lui
parler.

M. ARGANTE.

Hola ! Pierrot ? Lifette ?

Mᶜ Pierre & Lifette paroiſſent tous deux.

Mᶜ PIERRE.

Qu'eft-ce qu'ou nou voulez donc ?

M. ARGANTE.

Que quelqu'un de vous deux aille dire
à ma fille que voici un des amis d'Erafte,
& qu'elle defcende.

Me PIERRE.

Ça ne fe peut pas, alle a mal à fon eſto-
mach & à fa tête.

LISETTE.

Oüy, Monfieur, elle repofe.

ERASTE.

Je vous affûre que je n'ai qu'un mot à
lui dire.

Me PIERRE *à part.*

Helas! comme il eſt douçoureux.

M. ARGANTE.

Je viens de la quitter, & je veux qu'elle
defcende. Allez-y. Lifette. (*à Me Pierre*)
Et toi, va-t-en. (*à Erafte*) Je vous laiffe
pour vous fatisfaire. *Il fort.*

ERASTE.

Je vous ai une véritable obligation.
feul. Ce commencement me paroît trifte.
J'ai bien peur que Mademoiselle Argante
ne fe donne pas de bon cœur.

SCENE X.

ERASTE, Me PIERRE.

Me PIERRE *revenant & regardant.*

à part. LE fieur Argante n'y eft plus. Avec voute parmiffion, Monfieur l'ami de Monfieur le futur, en attendant que noute Demoifelle fe requinque, agriez ma convarfation pour vous aider à paffer un petit bout de tems.

ERASTE.

Oüida, tu me paroît amufant.
Me PIERRE.
Je ne fons pas tout-à-fait bête; le monde prend parfois de mes petits avis, & s'en trouve bian.
ERASTE.
Je n'en doute pas.
Me PIERRE *riant.*
Tenez, vous avez une Philofomie de bonne aparence; j'efteme qu'où eftes un bon compere: vela ma penfée; parmettez a libarté.

ERASTE.

Tu me fais plaisir.

Mᶜ PIERRE.

De queu vaccation êtes-vous avec cet habit noir ? Est-ce Praticien ? ou Médecin ? tatez-vous le poux, ou bian la bourse ? Dépêchez-vous, le corps, ou les bians ?

ERASTE.

Je guéris du mal qu'on n'a pas.

Mᶜ PIERRE.

Vous êtes donc Médecin ? tant mieux pour vous, tant pis pour les autres ; & moi, je fis le Farmier d'ici, & ce n'est tant pis pour parsonne.

ERASTE.

Comment ! mais tu as de l'esprit. Tu dis qu'on te consulte. Parbleu, dans l'occasion je te consulterois volontiers aussi.

Mᶜ PIERRE.

Consultez-moi, pour voir, sur Monsieur Eraste.

ERASTE.

Que veux-tu que je te dise ? Il épouse la fille de Monsieur Argante.

Mᶜ PIERRE.

Acoutez, êtes-vous bian son ami à cet épouseux de fille.

ERASTE.

Mais je ne suis pas toujours fort content de lui, dans le fond ; & souvent il m'ennuye.

Mᶜ Pierre.

Mᶜ PIERRE.

Fy, c'eſt de la malice à lui.

ERASTE.

J'ai idée qu'on ne l'épouſera pas d'un trop bon cœur ici, & c'eſt bien fait.

Mᶜ PIERRE.

Tout franc, je ne voulons point de ce butord-là : Laiſſez venir le nigaud, je ly gardons des rats.

ERASTE.

Qu'appelles-tu des rats ?

Mᶜ PIERRE.

C'eſt que la fille de cians a eu l'aviſement de devenir ratiere ; alle a mis par exprès, ſon eſprit ſans deſſus deſſous, ſans devant darriere, à celle fin, quand il la varra, qu'il s'en retorne avec ſon ſac & ſes quilles.

ERASTE.

C'eſt-à-dire qu'elle feindra d'être folle.

Mᶜ PIERRE.

Vela c'en que c'eſt ; & ſi maugré la folie, il la prend pour femme, n'y aura pûs de rats ; mais ce qu'en mettra en lieu & place, les vaura bian.

ERASTE.

Sans difficulté.

Mᶜ PIERRE.

Stanpendant la fille eſt ſage ; mais quand on a bouté ſon amiquié ailleurs, &

D

qu'en a un mari en avartion, sage tant qu'ou vourez, il faut que sagesse dégarpisse, & pis après toute voute medeçaine ne garira pas M. Erafte du mal qui li fera fait, le paure niais : mais adieu ; veci voute ratiere qui viant, ça va bian vous divartir.

SCENE XI.

Mlle ARGANTE, ERASTE.

ERASTE à part.

AH l'aimable perfonne ? Pourquoi l'ai-je vûë, puifque je la dois perdre ?

Mlle ARGANTE. à part en entrant.

Voilà un joli homme ! fi Erafte lui reffembloit, je ne ferois pas la folle.

ERASTE.

à part. Feignons d'ignorer fes difpofitions. (à *Mlle Argante.*) Mademoifelle, Erafte m'a chargé d'une commiffion dont je ne fçaurois que le loüer. Vous fçavez qu'on vous a deftinés l'un à l'autre ; mais il ne veut joüir du bonheur qu'on lui affure, qu'autant que votre cœur y foufcrira : c'eft un respect que le sien vous doit ; & que vous méritez plus que personne : daignez donc, Madame, me confier ce que vous pensez là-dessus, afin qu'il se conforme à vos volontez.

Mlle ARGANTE.

Ce que je pense, Monsieur, ce que je pense !

ERASTE.

Oüy ; Madame.

Mlle ARGANTE.

Je n'en sçai rien, je vous jure ; & malheureusement j'ai résolu de n'y penser que dans deux ans, parce que je veux me reposer. Dites-lui qu'il ait la bonté d'attendre, dans deux ans je lui rendrai réponse, s'il ne m'arrive pas d'accident.

ERASTE.

Vous lui donnez un terme bien long.

Mlle ARGANTE.

Hélas ! je me trompois ; c'est dans quatre ans que je voulois dire ; qu'il ne s'impatiente pas au moins, car je lui veux du bien, pourvû qu'il se tienne tranquile ; s'il étoit pressé, je lui en donnerois pour un siécle ; qu'il me menage, & qu'il soit docile, entendez-vous, Monsieur ? ne manquez pas aussi de l'assûrer de mon estime. Sçait-il aimer ? a-t-il des sentimens ? de la figure ? est-il grand ? est-il petit ? On dit

qu'il est chasseur : mais sçait-il l'Histoire ?
Il verroit que la chasse est dangereuse.
Acteon y périt pour avoir troublé le repos
de Dianne. Hélas ! si l'on troubloit le mien,
je ne sçaurois que mourir. Mais à propos
d'Eraste, me ferez-vous son portrait ? j'en
suis curieuse.

ERASTE. *triste & soûpirant.*

Ce n'est pas la peine, Madame ; il me
ressemble trait pour trait.

Mlle ARGANTE *le regardant.*

Il vous ressemble ? bon cela, Monsieur.

ERASTE.

Ma commission est faite, Madame, je
sçai vos sentimens, dispensez-vous du dé-
sordre d'esprit que vous affectez ; un cœur
comme le vôtre, doit être libre, & mon
ami sera au désespoir de l'extrêmité où la
crainte d'être à lui vous a réduite ; on ne
sçauroit désaprouver le parti que vous a-
vez pris ; l'autorité d'un pere ne vous a
laissé que cette ressource, & tout est permis
pour se sauver du danger où vous étiez :
mais c'en est fait, livrez-vous au penchant
qui vous est cher, & pardonnez à mon
ami les frayeurs qu'il vous a données ; je
vais l'en punir, en lui disant ce qu'il
perd.   *Il veut s'en aller.*

Mlle ARGANTE.

à part. Oh, oh ! C'est assurément là

Eraste. (*Elle le rappelle.*) Monsieur ?

ERASTE.

Avez-vous quelque chose à m'ordonner, Madame ?

Mlle ARGANTE.

Vous m'embarassez. N'avez-vous que cela à me dire ? voyez ; je vous écouterai volontiers ; je n'ai plus de peur, vous m'avez rassurée.

ERASTE.

Il me semble que je n'ai plus rien à dire après ce que je viens d'entendre.

Mlle ARGANTE.

Je ne devois dire ce que je pense sur Eraste que dans un certain tems, & si vous voulez, j'abregerai le terme.

ERASTE.

Vous le haïssez trop.

Mlle ARGANTE.

Mais pourquoi en êtes-vous si fâché ?

ERASTE.

C'est que je prens part à ce qui le regarde.

Mlle ARGANTE.

Est-il vrai qu'il vous ressemble ?

ERASTE.

Il n'est que trop vrai.

Mlle ARGANTE.

Consolez-vous donc.

ERASTE.

Eh! d'où vient me confolerois-je, Madame? daignez m'expliquer ce difcours.

Mlle ARGANTE.

Comment vous l'expliquer?...... dites à Erafte que je l'attens, fi vous n'avez pas befoin de fortir pour cela.

ERASTE.

Il n'eft pas bien loin.

Mlle ARGANTE.

Je le croi de même.

ERASTE.

Que d'amour il aura pour vous, Madame, s'il ofe fe flater d'être bien reçû!

Mlle ARGANTE.

Ne tardez pas plus long-tems à voir ce qu'il en fera!

ERASTE.

Puis-je efperer que vous me ferez grace?

Mlle ARGANTE.

J'en ai peut-être trop dit: mais vous ferez mon époux. Que ne vous ai-je connu plutôt.

ERASTE.

Avec quel chagrin ne m'en retournois-je pas?

Mlle ARGANTE.

Eft-il poffible que je vous ai haï! à quoi fongiez-vous, de ne pas vous montrer?

COMEDIE.

ERASTE.

Au milieu de mon bonheur il me reste une inquiétude.

Mlle ARGANTE.

Dites ce que c'est, & vous ne l'aurez plus.

ERASTE.

Vous vous gardiez, dit-on, pour un autre que moi.

Mlle ARGANTE.

Vous demeurez à la campagne, & je ne l'aimois pas avant que je vous eusse connu ; il y a quatre ans que je connois Dorante, l'habitude de le voir me l'avoit rendu plus suportable que les autres hommes ; il me convenoit, il aspiroit à m'épouser, & dans tout ce que j'ai fait, je me gardois moins à lui, que je ne me sauvois du malheur imaginaire d'être à vous : voilà tout ; êtes vous content ?

ERASTE *à genoux*.

Je vous adore ; & puisque vous haïssez la campagne, je ne sçaurois plus la souffrir.

SCENE XII.

M. ARGANTE, Mlle ARGANTE, ERASTE, Me PIERRE.

M. ARGANTE *à Me Pierre.*

OH! oh! Ils font, ce me femble, d'affez bonne intelligence.

Me PIERRE.

Qu'eft-ce que c'eft donc que tout ça ? Ils fe difont des douceurs.

M. ARGANTE.

Eh bien, ma fille, connois-tu Monfieur?

Mlle ARGANTE.

Oüy, mon pere.

M. ARGANTE.

Et tu es contente?

Mlle ARGANTE.

Oüy, mon pere.

M. ARGANTE.

J'en fuis charmé. Ne fongeons donc plus qu'à nous réjoüir, & que pour marquer notre joye, nos muficiens viennent ici commencer la fête.

Me Pierre.

Mᶜ PIERRE.

Voilà qui va fort ben. Ou estes con-
tante. Voute pere, voute amant, tout ça
est contant : mais de tous ces biaux con-
tantemens-là, moi, & M. Dorante, je
n'y avons ni part, ni portion.

M. ARGANTE.

Laisse-là Dorante.

Mlle ARGANTE.

Si vous vouliez bien lui parler, mon
pere, on lui doit un peu d'égard ; & cela
me tireroit d'embarras avec lui.

Mᶜ PIERRE.

Il m'avoit pourmis cinquante pistoles,
si vous deveniais sa femme ; baillez-m'en
tant seulement soixante, & je l'y ferai vos
excuses. Je ne vous surfais pas.

ERASTE.

Je te les donne de bon cœur, moi.

Mᶜ PIERRE.

C'est marché fait ; chantez, & dansez à
votre aise, à cette heure, je n'y mets pûs
d'empêchement.

Fin de la Comedie.

E

APPROBATION.

J'Ai lû par l'ordre de Monseigneur le Garde
des Sceaux *le Denoüement imprevû*, Comedie
d'un Acte, qui peut être imprimée. A Paris le
3. Mars 1727.

BLANCHARD.

PRIVILEGE DU ROY.

LOUIS, par la grace de Dieu, Roi de France & de Navarre : à nos amez & feaux Con-
seillers, les Gens tenant nos Cours de Parle-
ment, Maitres des Requetes ordinaires de notre
Hôtel, Grand Conseil, Prévôt de Paris, Bail-
lifs, Seneschaux, leurs Lieutenans Civils, &
autres nos Justiciers qu'il appartiendra, Salut.
Notre bien amé NOEL PISSOT Libraire à Paris,
Nous ayant fait supplier de lui accorder nos
Lettres de Permission pour l'impression d'un
Ouvrage qui a pour titre, *le Prince travesti*,
l'Héritier du Village, *Annibal*, *le Denoüement im-*
prevû : Offrant pour cet effet de le faire imprimer en bon papier & beaux caracteres, suivant la feuille imprimée & attachée pour mo-
dele sous le contrescel des presentes ; Nous
lui avons permis & permettons par ces présentes de faire imprimer ledit Livre en un ou
plusieurs volumes, conjointement ou séparé-
ment, & autant de fois que bon lui sem-
blera sur papier & caracteres conformes à la-
dite feüille imprimée & attachée sous notredit
contrescel ; & de le vendre, faire vendre &

débiter par tout notre Royaume pendant le tems de trois années consecutives à compter du jour de la datte desdites présentes. Faisons défenses à tous Libraires, Imprimeurs & autres personnes de quelque qualité & condition qu'elles soient, d'en introduire d'impressions étrangeres dans aucun lieu de notre obéïssance, à la charge que ces présentes seront enregistrées tout au long sur le Registre de la Communauté des Libraires & Imp. imeurs de Paris, dans trois mois de la datto d'icelles; que l'Impression de ce Livre sera faite dans notre Royaume & non ailleurs, & que l'impetrant se conformera en tout aux Reglemens de la Librairie, & notamment à celui du dixiéme Avril 1725. & qu'avant que de l'exposer en vente, le manuscrit ou imprimé qui aura servi de copie à l'impression dud. Livre, sera remis dans le même état où l'Approbation y aura été donnée ès mainsde notre très-cher& feal Chevalier Garde des Sceaux de France Le Sieur Fleuriau d'Armenonville Commandeur de nos Ordres; & qu'il en sera ensuite remis deux Exemplaires dans notre Bibliotheque publique, un dans celle de notre Château du Louvre, un dans celle de notredit très-cher & feal Chevalier Garde des Sceaux de France le Sieur Fleuriau d'Armenonville Commandeur de nos Ordres; le tout à peine de nullité des présentes; du contenu desquels vous mandons & enjoignons de faire jouir l'Exposant, ou ses ayans causes pleinement & paisiblement, sans souffrir qu'il leur soit fait aucun trouble ou empêchement. Voulons qu'à la copie desdites présentes qui sera imprimée tout au long au commencement ou à la fin dudit Livre foy soit ajoûtée comme à l'original. Commandons au premier notre Huissier, ou Sergent de faire pour l'execution d'icelles, tous Actes requis & necessaires, sans demander autre permission, & nonobstant clameur de Haro, Chartre Normande, & Lettres à ce contraires : CAR tel est notre plaisir. DONNE' à Paris ce huitiéme jour du mois de May l'an de grace mil sept cens vingt-sept, & de notre Regne le douziéme. Par le Roy en son Conseil. *Signé*, SAMSON.

Registré sur le Registre VI. de la Chambre Royale des Libraires & Imprimeurs de Paris, N°. 642. fol. 516. conformément aux anciens Réglemens confirmez par celui du 28. Fevrier 1723. A Paris le neuf May mil sept cens vingt-sept.

B R U N E T , *Syndic.*

www.ingramcontent.com/pod-product-compliance
Lightning Source LLC
LaVergne TN
LVHW022202080426
835511LV00008B/1525